L'IMMORALITÉ

DE LA SCIENCE

PAR

MÉCISLAS GOLBERG

Extrait de la *Revue Internationale de Sociologie*
IIIe année, N° 8. — Août 1895

PARIS

V. GIARD & E. BRIÈRE

LIBRAIRES-ÉDITEURS

16, RUE SOUFFLOT, 16

1895

L'immoralité de la science.

I

L'intelligence humaine, usant de tous les procédés dont elle dispose, a créé trois branches bien distinctes de la connaissance : l'art, la religion et la science. Chacune de ces branches, peu différenciée chez l'homme primitif, est devenue autonome, et même, de l'avis de ses représentants, contraire aux autres. Le primitif ne voit dans le fétiche qu'un instrument analogue à son arc ou à son couteau ; son chant n'est qu'une arme pour effrayer l'ennemi et pour se donner de la force. La danse, le chant et la musique servent le même but d'un usage immédiat, pour la réalisation duquel leur concours est nécessaire.

Quand un Australien tombe malade, le sorcier qui n'est qu'un médecin, arrive avec son tambour et ses drogues ; il chante et se démène devant le malade, tandis que les membres de la tribu hurlent et dansent une ronde infernale autour de la couche du patient. Après ce premier essai thérapeutique, le sorcier sort quelque herbe plus ou moins efficace qu'il administre à son client. Comparons cet état de l'union de l'art, de la foi et de la science à celui d'aujourd'hui où l'Église, l'École de Médecine et l'Opéra forment trois corps distincts qui ne vivent pas souvent en paix.

L'évolution, évidemment, a opéré des séparations, par la division du travail, et surtout par la différenciation des besoins de l'homme. Il s'agit de connaître les raisons de divergences et la valeur de distinctions qui, au cours du développement, se sont établies entre différentes formes et méthodes qu'emploie la raison.

Afin de ne pas nous égarer dans de vaines définitions, établissons d'abord la valeur de ce qu'on appelle opération mentale.

II

L'art, la science et la religion, comme faits intellectuels, malgré les différences qui les caractérisent actuellement, ne pouvaient sortir des limites que l'intellect avait comme champs d'opération, et l'analyse du but général de l'opération mentale va résumer la valeur de ces différentes formes.

L'homme, privé de la simplicité de l'amibe ou de la complexité d'un sélacien, eut besoin de chercher, dans le phénomène psychique, l'arme que les autres animaux trouvaient dans l'excellence de leurs sens, de leurs armes naturelles, telles que la griffe du tigre et la peau du pachyderme, ou dans d'autres conditions organiques ou topographiques de l'existence. Les animaux supérieurs possèdent les mêmes éléments de la vie psychique que l'espèce humaine; ce qui diffère, c'est le degré de diversité des faits secondaires de cette vie.

La mémoire, l'imagination, le sentiment, la raison, existent chez tous les mammifères, mais le chien a une autre intellectualité que le chat, et le raisonnement basé sur l'odorat n'est pas le même que celui dont le principe générateur est représenté par l'ouïe ou par la vue. La différence de sens change la direction de la mémoire, donne des formes spécifiques à l'attention et se réalise autrement dans l'action. L'ensemble des conditions organiques de l'homme, sous peine d'extinction, l'obligeait à avoir une mémoire particulière du milieu, où il vivait; et de cette façon son intellect a changé, et sa vie ne ressemble plus à celle d'autres animaux. L'opération psychique, basée sur la mémoire, fut une des plus grandes conquêtes de l'humanité, du moment où elle devint non seulement le mouvement centripète suivi d'un mouvement centrifuge approprié, mais encore le mouvement centripète, isolé temporairement des organes de relation; c'était l'origine de l'activité centrale (idée, raisonnement) qui n'a aucun rapport direct avec une action définie, mais qui supplée à l'insuffisance de l'organe pour les besoins, par création d'un organe artificiel, appelé instrument. L'humanité commence avec la machine, quelque rudimentaire qu'elle soit, et son histoire c'est le perfectionnement de ces machines pour le bien de l'espèce. Le besoin primitif de suppléer à l'insuffisance d'un organe par un jeu d'organes, n'ayant aucun rapport direct avec l'organe dont il s'agit, est la base et le but de l'intellect.

Éveiller l'activité nerveuse générale par des procédés appropriés, du moment où le fait extérieur ne peut le faire, constituera l'art; saisir les rapports de simultanéité entre les faits dont le rapport causal échappe donnera la religion; connaître le rapport causal des faits et leur nature pour les approprier aux besoins formera la science. Et tous les trois ne sont que les résultats des rapports et les effets de l'insuffisance organique dans la lutte pour l'existence.

Tout fait intellectuel ne peut donc être compris, hors du terrain de la sélection et de l'adaptation; et il n'a d'autre but que la suffisance de l'espèce humaine. Toutes les catégories de diverses branches de l'activité psychique : l'extase et la beauté dans l'art (1), la foi et la divinité dans la religion, le fait et la nature dans la science ne sont que les manifestations historiques des adaptations continues de l'espèce humaine, et seule la critique sociologique peut élucider leur valeur.

III

Examinons à présent les critiques scientifiques faites sur un autre terrain que celui de la sociologie. Elles peuvent être de deux ordres : la critique dogmatique et la critique psychologique.

La critique dogmatique se base sur la vérité et sur la méthode. Critiquer la vérité de la religion, la valeur de la science ou celle du rhytme, amènerait chaque fois à amasser des faits, nécessaires pour

(1) La philosophie de l'art, *Courrier social*, n° 1, 1894.

prouver le contraire, par la méthode qui facilite le mieux l'établissement du dogme qu'on veut démontrer.

L'erreur et la vérité, ces deux formes d'intolérance et de manque du sens critique, subordonnent les efforts humains à nos propres désirs et aspirations, et ne laissent nullement comprendre la valeur et l'efficacité de l'activité humaine.

Tout devient cerveau, mais rien ne pense à l'homme dans la critique dogmatique. Et pourtant il est plus important de connaître la force vive de la divinité ou de la nature que de savoir si Dieu est plus vrai que la matière, ou si tous les deux ne valent pas le phénomène. La logique du Port-Royal, des Péripatéticiens et de Stuart Mill est aussi vraie pour nous que l'aile l'est pour l'oiseau, la nageoire pour le poisson et les membres pour l'homme. Le procédé de penser n'a qu'une valeur purement historique, et le seul moyen d'apprécier l'idée est de lui donner une valeur, c'est-à-dire de mesurer sa valeur historique par rapport à un peuple, sa valeur biologique par rapport à l'humanité. L'art, la religion et la science peuvent être appréciées à juste titre, à condition qu'on sache que tout effort de l'être a pour but la vie.

Comme nous l'avons dit, la critique dogmatique apprécie les procédés cérébraux et ignore les faits biologiques. Elle est donc une simple opération d'esprit, une escrime nécessaire pour développer certaines fonctions cérébrales, indispensables pour l'évolution, mais elle n'a aucune valeur critique, vu le défaut de balances et l'ignorance des faits à peser.

Au contraire, la méthode sociologique, basée sur le principe d'adaptation, permet de comprendre les différentes formes de l'opération cérébrale, leur valeur respective suivant les conditions d'existence, et nous amène à la conclusion sur la forme la plus appropriée, c'est-à-dire la plus féconde, de l'activité psychique de l'homme. Analysons encore, et d'une façon plus que concise, la critique psychologique.

La critique psychologique des faits intellectuels ne peut non plus être satisfaisante. La critique dogmatique systématise seulement les faits pour faciliter une exposition. La critique psychologique n'arrive qu'à la connaissance des opérations mentales de l'individu; elle saisit la causalité mentale qui ne dépasse pas le seuil de conscience de celui qui apprécie et de celui qui est apprécié. Elle explique le rapport qui existe entre le cerveau et ses produits, mais elle ignore les rapports qui existent entre la fonction d'un organe et son efficacité. Elle est donc nécessaire pour la psychologie, mais est sans importance pour la science des valeurs mentales, car le côté pratique de l'opération mentale lui échappe. Pourtant tous les efforts ne tendent que vers ce but, et c'est grâce au caractère infiniment pratique de l'activité psychique qu'une de ses parties est rentrée dans l'inconscient, dans l'instinct, en prenant les apparences du désintéressement, c'est-à-dire de la stérilité pratique pour pouvoir agir sans perte de force pour des fonctions acquises. En résumé la seule méthode d'appréciation des phénomènes intellectuels est celle de la sociologie.

IV

Tâchons d'appliquer cette méthode dans notre analyse des faits intellectuels. Parmi ces faits je laisse de côté l'art, dont j'ai déjà parlé autre part, et j'étudierai seulement la valeur sociologique de la religion et de la science qui, toutes les deux, dernièrement, avaient à subir la critique dogmatique, d'une part, des partisans de la religion et, d'autre part, des champions de la science.

Les premiers, rigoristes de Dieu, croyant voir une certaine lassitude régner dans la science, essaient d'orienter les esprits vers la religion. Leurs griefs aussi nombreux que spirituels se réduisent aux faits suivants. La science n'a pas répondu aux questions les plus brûlantes : d'où vient l'homme ? quelle est sa destinée ? quelle doit être sa conduite ? De plus, la science établissant le règne exclusif de la loi naturelle, nuit à la perfection de l'homme qui a besoin de divinité réparatrice, car le péché originel explique la nécessité du frein contre l'excellence de la nature qui ne peut diriger les efforts dans la perfection. Ce raisonnement a démontré à tous les esprits religieux la supériorité de Dieu sur la nature.

Mais les savants n'en furent point édifiés. A ces récriminations, ils répondirent dogme contre dogme que la science avait beaucoup de choses, que la religion n'a pas pu fournir, mais qu'elle ne promettait point de résoudre les questions d'origine, et même qu'elle ne promettait rien du tout ! Ces raisons ont démontré à tous les adversaires de la religion la supériorité de la science. Depuis tout est rentré dans l'ordre. Profitons du silence pour expliquer les défauts de ces procédés. Certes le savant a raison de défendre son travail, mais son point critique me semble déplacé : pourquoi, a priori, l'intolérance vaudrait-elle moins que la tolérance, ou le chemin de fer plus que la vieille berline de nos pères ? Pourquoi la science ne promet-elle rien (fait du reste inexact si on pense aux promesses des savants) ? Pourquoi est-ce un

bien? et y a-t-il du mal dans les abondantes promesses non réalisées
de la religion? *Ignoramus*; ce que nous voyons, c'est qu'on préjuge
trop la valeur de ce qu'on désire, et qu'il est nécessaire de déplacer le
point de critique pour apprécier la valeur de la religion et de la science.
Pourquoi, d'ailleurs, traiter d'ignorants nos ancêtres, ou mieux accu-
ser de méchanceté nos contemporains, lorsque les uns dans le passé,
et les autres dans le présent, ne veulent qu'une chose : éviter la mort
et améliorer leur vie?

Laissons donc l'évidence logique et les supériorités d'invention de la
religion ou de la science, et analysons à notre point de vue la valeur
sociologique de ces deux formes intellectuelles; c'est-à-dire, sans nous
préoccuper de la logique des faits incriminés, cherchons leur valeur
sélective.

V

Tel l'enfant qui essaie la vigueur de sa première dent sur le sein qui
le nourrit, ainsi l'homme, sorti des langes de la religion, essaya sur
elle ses premières forces. A la science de la foi et des notions à priori,
il voulut substituer celle de l'observation et de l'expérience (Bacon,
Locke, Hobbes, Gassendi, Helvetius, Diderot, Condillac, Cabanis, etc.).
Les recherches, au début, plutôt escarmouches qu'études, passèrent
ensuite à l'époque de sagesse et de paix. Les observations minutieuses,
l'analyse des méthodes, la construction des grandes généralisations
secondèrent les efforts primitifs, et la conception de l'homme nouveau
naquit (Hume, Kant, Rousseau, Hegel, Spencer, Lyell, Cl. Bernard,
Bichat, Darwin, Haeckel, etc.).

Examinons cette nouvelle conception basée sur l'observation, et
voyons son rapport avec l'ancienne, née de la foi. Pour ne pas élargir
le champ de notre analyse, limitons-nous seulement aux sciences
anthropologiques.

L'homme, grâce à la biologie, comprit qu'il portait en lui la vie de
l'univers (Baer), et que depuis des siècles il réalisait la perfection,
donnée par la sélection (Lyell, Darwin, Hertwig, Haeckel, Gegenbauer,
Perrier, Kölliker, C. Vogt).

L'étude des entrailles de la terre lui montra que, depuis les temps
les plus reculés, s'élaborait sa destinée, et que lui, l'individu, était un
des anneaux de la chaîne ininterrompue de l'espèce. La biologie a
encore appris à l'homme que, dans la matrice de la mère, il réalisait
la vie de tous les êtres, depuis les célentérés jusqu'à l'homme, et

que, en dehors de la matrice, l'homme, rendu à la vie sociale, devait développer ce qui est devenu humain, à force d'avoir vécu ce qui ne l'était pas (Haeckel, Romanes, Lubbock, Wundt, Ribot). Ainsi l'homme a compris que sa destinée était dans sa vie. Les études sur l'hérédité (Weisman) montrèrent que, dans l'être vivant, il y avait une partie, relativement stable, qui reproduisait l'espèce, et l'autre instable qui formait la vie individuelle de l'unité vivante. Ce fait donna à l'homme l'espoir de demeurer dans sa partie stable, par sa fécondité, et de changer pour le mieux, grâce à l'instabilité de l'autre partie. La notion de l'avenir devint alors plus nette, et l'activité humaine plus libre en tant qu'utilité et plaisir.

Rien ne pouvait empêcher la perfection dont l'idéal se créait sans fin par le développement de l'individu pour le bonheur de sa race; les efforts humains puisaient des renforts puissants dans l'univers qui les entourait et qui n'avait aucune hostilité préméditée envers la race humaine si elle voulait être perspicace et intelligente.

Autrefois, grâce au martyre et au sacrifice, seuls quelques saints surent réaliser cette harmonie des êtres. La généralité des hommes était trop peu clairvoyante pour comprendre que l'humanité n'est qu'une des plantes qui prend racine dans le limon. Les cantiques de saint François d'Assise qui parlait aux oiseaux, charmèrent quelques fidèles, mais l'ignorance du siècle ne permit point de suivre celui qui glorifiait la nature, car la foi dédaignait la vie, et seul l'amour quelquefois, par une cruelle intuition, la chantait. Grâce à la biologie, l'exception devint une règle. Cette science de la vie, rendant l'homme aux lois générales, a augmenté sa confiance en la vie; le cercle humain a été élargi, et l'homme a pu détendre son bras fatigué, sans heurter la limite ennemie ou l'inexorable mystère. La religion n'avait point ce don de rendre liberté à l'homme, en l'enrichissant des biens et des sympathies. Mais, dira-t-on, si la religion méprisait la nature et la chair, elle donnait au croyant l'espérance et la confiance en Dieu. Sans doute! autrement elle ne vivrait pas trois jours dans l'humanité, qui ne peut se nourrir seulement de ce qui nuit et qui, au point de vue historique, ne choisit que le plus utile et le plus accessible pour le moment. Aussi je ne serai point de ceux qui disent que la religion a obstrué le chemin de la perfection!

Quand le barbare eût reçu, sur ses épaules, les lourds héritages des civilisations antiques, et qu'une nouvelle destinée eut tracé son sillon tortueux devant ses yeux, il ne put plus couper le gui, ni servir le dieu du foyer. Il fallut qu'un principe d'unité liât une foule d'éléments hétérogènes formant la civilisation primitive des peuples européens, et que la vie nouvelle recommençât avec de nouvelles charges et de nouvelles inquiétudes. Le christianisme fut l'ordonnateur des hordes dissemblables, il leur rendit l'unité, indispensable pour la résistance et le développement.

La foi apporta une mesure unique du bien et du mal, et permit aux aïeux de préparer le festin pour leurs petits-fils. Mais, avec le temps, la vie se divisa; l'unité, utile autrefois, devint nuisible, et l'unique mesure dut se multiplier.

Comme un roc résiste aux flots, et s'effondre sous le choc des éléments plus complexes, de même l'homme, armé de la religion, ne pouvait lutter que contre la vie peu différenciée.

Pour résister aux nouvelles complications, satisfaire des nouveaux besoins, il fut amené à diversifier et à multiplier ses ressources. Sa forteresse intellectuelle devait faire face aux nombreux ennemis et son architecture se compliqua en raison de nouveaux dangers; il fallut des courbes diverses de résistance, des voûtes et des clefs d'édifice pour prévenir les évènements hostiles. La religion avec sa mesure fixe et ses armes uniformes ne suffisait plus, la science est venue la remplacer; ayant mille branches, mille procédés, toujours prête à changer ses mesures suivant les besoins de la guerre, elle décompose les forces d'attaque, augmente ses munitions et rend plus sûrs les piliers. Nous concluons donc que l'homme d'autrefois devait croire, et que le bûcher, peut-être, fut salutaire pour les téméraires et les impatients qui, avant l'heure, apportaient des nouvelles mesures. Il est probable que si le bourreau n'avait pas écrasé les efforts glorieux des martyrs de la pensée, leurs applications auraient prouvé leur insuffisance.

Le martyre éloigna l'heure des applications hâtives, et permit au fruit de mûrir, pour la gloire de ceux qui succombaient pour lui. La religion, grâce à sa nature restrictive, rapprocha les éléments hétérogènes de l'humanité, broya les personnalités et les groupes trop rebelles à la loi de communauté, et rendit à l'expérience des générations, des faits acquis par les longues luttes des ancêtres. Ces faits, correspondant aux conditions très fixes et très limitées, il fallut les suivre à la lettre, sans s'en écarter de peur de se détacher de la souche à laquelle on appartenait depuis peu. Les abîmes entourent la pauvreté, et la tradition est nécessaire pour une société misérable, c'est-à-dire qui a peu d'hommes et peu de conscience. Ainsi la religion, par ses dogmes inflexibles, par ses éléments de morale et de réglementation, créa un lien entre les hommes de divers métiers, de diverses conditions et de diverses races, et les rendit responsables les uns envers les autres par l'intermédiaire de Dieu. L'évolution de la vie sociale amena la complexité. Les règles rigides de la tradition divine ne pouvaient plus satisfaire les besoins de l'homme et du groupe; les prescriptions et les nombreuses obligations envers Dieu, c'est-à-dire envers tout ce qui était général pour le groupe, gênaient l'activité humaine du moment où le progrès même de la vie la rendit plus instable. Ce fait de l'instabilité, qui s'accroît par rapport à la complexité, se voit en règle générale aussi bien dans le monde inorganique que dans le règne biologique et social. Comme les substances moins complexes de la série grasse sont plus stables que les combinaisons si variées des substances protéiques, et la vie de l'éponge plus uniforme que celle de l'amphioxus, de même le clan primitif est plus conservateur que la fédération, et la nation moins conservatrice que celle-ci. Avec l'accroissement de la population, des besoins et des instruments s'accrut la différenciation des règles; quand la foi groupa en communautés les clans et les tribus, la société, après avoir passé par cette période de formation, augmenta le cadre de son activité, diversifia les moyens de lutte et éprouva le besoin de changer la mesure des choses.

Dieu qui ordonne le champ d'expérience qui rend quelques faits licites et d'autres dignes de répression, qui astreint l'homme à la tradition acquise, répondait, certainement, aux besoins d'un milieu peu complexe et de formation récente. Du moment, où la vie se différencia et où les agglomérations humaines se consolidèrent, le groupe tint à utiliser son énergie non seulement pour ne pas se disperser, mais encore pour s'accroître et améliorer sa vie intérieure. Dès ce moment le rôle historique de Dieu finit, et la science arriva sur le champ de bataille en apportant ses mesures, et donnant à l'homme de nouvelles conceptions de la valeur. Nous avons vu le rôle de la biologie dans cette évolution. Cette belle science n'a pas répondu à beaucoup de questions! Mais ce reproche est loin de la condamner vu que le rôle de la foi et de la science n'est point de répondre à notre curiosité, mais de la rendre utile à la vie. La logique, l'éducation et l'impatience posent des problèmes. La vie les multiplie, les écarte au besoin, et quelquefois répond; sa réponse n'est pas un don gracieux, fait à notre imagination, mais un poteau indicateur sur la route que nous suivons.

La biologie qui montra à l'homme ses forces, qui lui fixa sa place dans la nature, et lui permit de faire quelques pas en avant, donna tout ce qu'elle devait donner, car elle répondit à la plus grave question : que faire ? et détermina de profonds changements dans la nature humaine.

VI

Passons maintenant aux autres sciences intéressant l'homme, et parlons de l'histoire, de la philologie et de la morale. Ces sciences, fécondées par la biologie, permirent d'établir quelques lois de la vie des nations; Buckle, Comte, Quételet, Spencer, Fustel de Coulanges, Marx, Taine, Metschnikoff, Wundt, Morgan, Bakounine, Reclus et autres établirent, par des études claires et laborieuses, le rôle des croyances, du langage, des besoins, des climats, des milieux, des races, des inventions et des génies. Ces constatations faites, l'homme se remit à la recherche de l'unité. Chacune des sciences, après un grand effort de l'activité humaine, apporta des faits nouveaux qui rendirent à la vie moins de désolation. L'ancienne notion du péché, si salutaire quand nos pères posèrent la première pierre des cités, fut remplacée par celle de la sélection sociale, de la justice pro-morale (Spencer). On a vu que malgré toutes les misères, chaque heure resserrait les liens entre les hommes et les rendait meilleurs. On a constaté que celui qui était jeté en bas du fossé chez les Spartiates, pouvait être couronné chez nous. On a compris que chaque nouveau besoin nous rendait plus humains, et que chaque nouveau désir tournait nos yeux vers les autres. Renforcés par le principe de la perfection continue, nous avons appris le respect de l'effort humain, malgré toutes les appa-rences des antagonismes sociaux; séparés par les intérêts des classes, divisés par nos appétits individuels, nous nous sommes unis par la vie de l'espèce et par les passions, maintes fois expérimentées par toute la souche des ancêtres qui, grâce à la multiplication continuelle des efforts individuels ou collectifs, entrèrent peu à peu en plus grande communion avec la nature et l'homme.

VII

A cette analyse du rôle sociologique de la science, on pourrait faire deux objections : 1° que les constatations de la science sont ignorées par la majorité, et souvent ne sortent guère du milieu restreint des savants; 2° que, malgré les apparences des conquêtes, nous assistons actuellement au spectacle peu glorieux de la lutte entre les hommes qui eut rempli de joie Hobbes qui a dit autrefois : *Homo homini lupus*. Commençons par l'analyse de la première objection.

Est-il nécessaire que tous les faits de la science soient connus de tout le monde pour qu'ils puissent diriger la vie? et la religion apporte-t-elle la connaissance générale des faits la concernant?

Pour la religion, ma réponse sera prompte. Les chevaliers et les enfants des croisades étaient très peu versés dans la théologie, et aujourd'hui la généralité des âmes pieuses ignore les arguments de saint Thomas sur l'existence de Dieu et ceux des molinistes sur la foi ; ce qui, du reste, ne les empêche point de croire et d'obéir aux injonctions des représentants de la haute science théologale. Certainement on pourrait m'objecter que la religion *a priori* se base sur l'autorité et exclue la connaissance des faits qui déterminent l'action; aussi sans insister ni sur cette objection superficielle, ni sur ce fait de l'ignorance des croyants en fait de Dieu, démontrons que les membres de la société n'ont pas besoin de connaître tous les résultats des sciences pour subir leurs effets, car, en ce qui concerne la science, il s'établit, dans le milieu où elle se manifeste, une circulation tacite des idées qui modèlent en conséquence les cerveaux des membres d'un groupe, malgré leur ignorance des faits particuliers des sciences.

Comme nous l'avons dit, une connaissance a pour but la pratique, l'application plus ou moins directe des faits acquis. Ainsi, par exemple, la théorie de Newton aboutit à des règles nouvelles de la construction des ponts et des machines, et les gens qui jouissent des effets de la théorie n'ont aucun besoin de connaître les calculs de Newton pour apprécier la supériorité des nouvelles constructions sur les anciennes.

La théorie de Darwin, devenue chez Pasteur la théorie microbienne, et chez Lister la théorie antiseptique, a changé et changera encore davantage les règles d'hygiène et des rapports humains sans que les gens qui la pratiquent consciemment aient besoin de connaître les travaux de ces savants. La cuisine du xixᵉ siècle répond plus à nos connaissances de chimie et d'hygiène qu'à celles du moyen-âge, et pourtant peu de cuisinières ont entendu parler de Lavoisier, de Liebig, de Chevreul ou de Claude Bernard. Ces faits prouvent qu'une connaissance crée une atmosphère spéciale qui transforme les conditions d'existence; elle déprécie certaines valeurs, donne une force vive aux faits ignorés, et les applications sont si loin de la source, que souvent on ne l'aperçoit même pas. Peu de gens connaissent les travaux de Huxley sur l'anatomie, de Toricelli, de Mariotte, de Regnault sur la

physique, mais la plupart d'entre eux consultent aujourd'hui les baro-
mètres pour connaître le temps, et s'adressent plutôt à une compa-
gnie d'assurances qu'à Dieu pour éviter les malheurs naturels tels que
la foudre, l'incendie, la grêle ou les accidents professionnels. Aussi
plusieurs de ces sociétés portent de préférence le nom de « Provi-
dence ». Bien peu ont vu le microbe de Koch, ce qui n'empêche pas que
beaucoup savent que l'enfant de parents tuberculeux doit être autrement soigné que l'enfant d'alcooliques. Sans connaître la théorie de
Spencer, l'homme d'aujourd'hui ne gaspille pas les jardins publics, et
apprécie autrement la vie humaine que l'ancien Gaulois.

Si les hommes, sans connaître les résultats théoriques d'une science
spéciale, la suivent dans la vie pratique, c'est que cette vie même a
changé, grâce à la répercussion de l'idée qui rend au milieu où elle se
produit un aspect particulier, modifiant la manière de sentir, de penser
et d'agir de la généralité des gens. Toute idée se transforme en fait
objectif équivalent, et crée un milieu qui l'exprime. De cette façon, il
s'établit dans le cours de l'existence une circulation tacite de l'idée qui
modèle les conditions d'existence et oblige l'homme non avisé à la
suivre sans la connaître directement.

Donc la science, malgré l'ignorance relative de la majorité, fait du
reste regrettable pour d'autres raisons, agit et réagit aussi bien que la
religion, et même mieux vu la diversité de ses réactions et la longueur
du terrain où elle opère.

VIII

Passons maintenant à l'autre objection.

La science a-t-elle amélioré les rapports humains ?

Certes, grande est notre désolation et la paix n'est point notre pain
quotidien. Mais « que celui qui se trouve innocent, jette la première
pierre ». Cette désolation sera-t-elle apaisée par la foi ? Est-ce que l'âge
mystique de Dieu et l'âge logique de l'Église n'eurent pas leurs martyrs de l'heure actuelle ? Les gens ne quittaient-ils pas le monde
pour Dieu, quand leur vie leur était impossible ici-bas ? Et leur foi
n'était-elle pas la nécessité de s'abstenir plutôt que celle de fructifier ?
La science ne permet plus de ces abstentions, car elle nous oblige à
participer, même dans la solitude.

Autrefois, l'homme croyait, et à tout moment il devait expier ses
fautes. Mais tout entier rendu à l'amour ou plutôt à la foi divine, il

risquait de manquer de clairvoyance, et son salut était toujours compromis.

La science, au contraire, apporte dans la vie cet élément ordonnateur qu'est la clairvoyance ; à force de s'appliquer à mesurer ce qu'elle concevait, ce qu'elle espérait et ce qu'elle avait, la science comprit dans les magistrales formules de Laplace les lois de probabilité.

L'erreur fut ainsi rendue à l'homme, et fit fructifier l'espèce. Autrefois, l'homme n'avait pas besoin de respecter sa propre erreur ; il vivait depuis trop peu de temps parmi les hommes pour pouvoir leur apporter le sacrifice de sa déchéance. Il l'offrait à Dieu, et pour son bien. Aujourd'hui l'erreur n'est plus une affaire entre lui et Dieu ou ses représentants, mais entre lui et ceux avec lesquels il vit. De cette façon l'erreur ne se perd pas dans le silence du confessional, mais apporte au grand marché, une nouvelle connaissance qui devient utile à tous.

L'erreur, passée dans le domaine humain, fut, comme je le dis, l'effet de la clairvoyance qui, seule, permit de la rendre utile, non plus à l'homme envers Dieu, mais aux autres envers lui. La science, mesurant les choses, pour découvrir des connexions entre les faits, donna à l'homme la possibilité de prévoir et de tâtonner.

Il est certain que sur un chemin peu tortueux, la foi pouvait suffire comme guide. Mais quand la route se fut élargie, il fallut mettre plus de circonspection pour avancer. La foi, très croyante et très visionnaire même, n'était pas de force à accomplir cette tâche, et ce fut la science, armée de clairvoyance, qui se chargea désormais de tenir le fanal de la vie, si variée et si difficile. Grâce à elle, l'humanité est devenue plus nombreuse, les damnés disparurent *logiquement* ; l'activité humaine se multiplia, et de la foule jaillit la source des œuvres utiles et fécondes. Les hommes utiles et actifs se sont rapprochés ; les besoins se. sont multipliés et ont rendu l'homme meilleur. La communauté exclusive et autoritaire a cédé sa place à la nation, corps plus large, donc moins oppressif.

L'individu même, du moment que les autres le regardèrent non seulement comme élément utile, mais comme principe nécessaire, se vit plus libre dans ses propres désirs et acquit le droit à la vie, même malgré la volonté du groupe.

Autrefois, l'autorité indiscutable, divine absorbait l'individu ; aujourd'hui il y a réciprocité : la société vit du membre, à condition qu'il y trouve son intérêt. Sous le régime de Dieu on sacrifiait tout pour le bien de l'Église et le salut de l'âme, sous le régime de la science chacun se mit à mesurer selon ses forces, et à réaliser selon ses possibilités. Et s'il y avait des obstacles il avait droit à la critique. La balance de l'équité de l'individu et du groupe apparut ainsi dans la race humaine, et le droit de prendre fut reconnu criticable par celui qui donnait.

Le règne de la spoliation passive céda la place à la réciprocité des services, ou à la critique de l'inégalité du droit et de la force. C'est ainsi que malgré la désolation et les luttes, la science a apporté quelques belles fleurs qui manquaient à l'humanité : l'augmentation des besoins, par conséquent, et des sympathies, la notion d'équité et le droit à la critique, ou même à la résistance raisonnée.

La religion procédait par restriction et demandait l'obéissance à la loi de Dieu dans tous les faits de la vie. Elle était donc un fait moral appliqué en bloc à tout ce qui concerne l'homme. Elle ordonnait une action dont, par conséquent, on admettait la nécessité, sans toutefois en admettre l'évidence. C'était l'action par obligation et non par nécessité : c'était le chemin épouvantable de l'ordre formel et du salut forcé.

Autrement, procéda la science. En premier lieu elle ravit à la divinité deux faits principaux : l'infaillibilité par le droit de l'erreur, et la clairvoyance par la probabilité des événements. De cette façon elle mit l'homme en rapport direct avec ce qui pouvait l'intéresser. Les moyens d'investigation, l'analyse et l'observation remplacèrent les prières, les sacrifices et les ordres de Dieu. L'obligation a pris fin, et la science n'oblige plus et n'ordonne plus à personne. Elle procède par évidence, et sollicite une action sans obligation ; *a priori* l'homme guidé par la science a le droit de choisir ce qu'il veut ; la science ne fait que lui apporter l'évidence de certains faits, en lui laissant le choix à ses risques et périls. De cette façon, comparée à la religion, elle est dénuée de tout sens restrictif et moral, et a un but unique : mettre l'homme en rapport direct avec ce qui l'intéresse, c'est-à-dire avec les conditions de son existence.

La science est donc essentiellement immorale, et purement démonstrative (1).

L'homme devient absolument libre de vivre ou de mourir, d'agir « selon sa propre conscience » ! Telle est la gloire de la science! c'est-à-dire de l'analyse directe par observation et par expérience, *de l'examen*. Cependant, cet examen a ses formes, ses débuts, ses développements.

L'homme, dans la science, ne peut agir par sanction divine, mais la nature des faits sanctifie malgré elle. Si la science, grande et libératrice par rapport au passé, est petite et insuffisante par rapport à l'avenir, cela ne peut que prouver que tout passe et que les armes changent suivant le développement et les besoins.

En effet, le rôle consultatif de la science n'est réalisé qu'en partie. La science actuelle a pour but l'analyse des faits pour créer des lois, c'est-à-dire des généralisations des faits accessibles à ses mesures. Elle crée des généralités, des réalités intellectuelles desquelles dépendent les réalités expérimentales. Elle ne connaît pas les phénomènes, elle s'intéresse seulement à leur succession; et la succession des faits n'a pour elle de valeur qu'autant qu'elle permet de créer une généralité, une abstraction.

La biologie ne s'occupe pas du fait complexe qui s'appelle la vie, mais des faits qui la composent et qu'elle isole. De cette façon elle connaît bien les éléments de la vie qu'elle unit avec les éléments de la chimie pour arriver à ceux de la physique et créer le monisme, mais elle n'arrive point à connaître la substance vivante, l'individu vivant. Cet individu, dit-elle, importe autant qu'il correspond aux lois générales.

De même, la psychologie connaît les éléments de la pensée, mais ignore l'ensemble de la vie psychique, l'être pensant, sachant et agissant. En sociologie les mêmes généralités : elle ignore Pierre et Paul, elle ne s'occupe que d'un membre du groupe. Elle n'étudie pas les lois de certains groupes, mais des groupes en général.

En un mot, la science moderne aboutit au régime des lois générales contre les cas particuliers, et crée une moralité spécifique qui consiste dans la subordination du fait complexe aux formes supérieures de la pensée. Cette moralité se manifeste dans les mathématiques comme la somme du plus grand nombre; dans la physique, comme la prépondérance des forces ou la résultante ; dans la chimie, l'addition des corps simples; dans la sociologie, la supériorité du groupe contre l'individu. Sa règle se réduit à peu de choses : plus grand est le nombre, plus il est conforme à la loi générale. L'unité n'a le droit de vie dans la science moderne, que comme élément d'addition. La science dite expérimentale, la pensée moderne, basée sur l'observation, part de l'addition pour aboutir à la soustraction (Taine, « de l'Intelligence»), à l'abolition du fait particulier, non conforme au général. Le moins est battu par le plus.

Ainsi la science, partie de la critique, finit par la foi, car partout où il y a principe, il y a loi, vérité, méthode, c'est-à-dire que partout où existe l'abstraction, appelée galamment généralisation, il y a nécessité d'éliminer tout ce qui ne la constitue pas, et de consacrer tout ce qui la justifie.

La religion disait : le salut est sûr, si le culte est bon; la science affirme : il y a vérité, s'il y a démonstration conforme à la règle générale d'investigation. Et cette règle est le général, la connaissance des lois de la nature. La méthode, le procédé, l'investigation ne sont pas regardés comme des moments évolutifs de la vie, mais comme ses règles, armes perfectionnées de l'intelligence.

La vérité générale est devenue aussi autoritaire que Dieu, et les anciennes classifications scolastiques se retrouvent largement dans la science. La règle de la nature, c'est-à-dire du général palpable, a remplacé la règle de Dieu, c'est-à-dire du général impalpable. Le principe des généralisations étant présent, il fallut s'attendre à rencontrer ses conséquences : la scolastique, le règne du mot et de la définition. La stérilisation des réalités bat son plein, et tout fait complexe est mutilé pour la logique *expérimentale* de la définition.

Atroce conséquence, qu'une telle science, devenue règle et principe définitif de la raison. La raison voit, mais pourquoi divinise-t-elle? Pourquoi ces fétiches du savoir moderne, ce fanatisme de la règle, cette intolérance de l'évolution?

Le fait n'est pas un moyen pour connaître les lois générales. Cela ne regarde que l'histoire. Il n'est qu'un moyen de comprendre la valeur de l'existence, de l'unité comme ensemble des forces. Ἐν μελέτει. La science des lois générales écarte tout fait particulier, tout ce qui constitue la chose, l'objet, l'être, tout ce qui s'appelle individualité. Et alors, grâce à cette généralisation, elle finit par devenir une simple récréation intellectuelle, nourrie des faits nécessaires, une simple gymnastique des gens de métier. C'est le règne de la grâce, de la définition et du mot.

La psychologie est basée sur l'association des idées qui n'est qu'une simple image des faits psychiques, et qui aboutit forcément à la psychologie descriptive des agrégats psychiques, sans aucune relation phylogénétique des phénomènes. La physique ne sort point de la notion de la force, malgré l'insuffisance de cette idée, et la chimie ne met aucune prudence dans la théorie des corps simples. Et ma foi! comme Montfort, la science a l'air de dire: Tuez! Dieu reconnaîtra les siens! Et apparaissent les sentiments intellectuels, religieux, les émotions et les sous-émotions, les caractères infaillibles, dressés en table des lois.

Le mot, cette idole, dont se plaint Bacon, a toujours grand cours
dans la science générale qui ne peut sortir de l'intellectualisme étroit,
et c'est ainsi qu'elle arrive à ces belles classifications, où tout est
ordonné, numéroté, où on n'oublie rien, sauf la vie. Et pourtant le
tableau attrayant des faits classés, *des moyennes*, peut tout au plus flat-
ter le sentimentalisme du savant, mais n'apporte autre chose qu'une
table mnémonique pour combattre quelques vagues amnésies.

La généralisation, arrivée à ce bout de son champ, devient la science
qui classe et définit les faits, les isole du milieu vivant, les rend, en un
mot, de pures catégories intellectuelles, garnies du bagage expéri-
mental, et représente les derniers vestiges de l'esprit religieux. Les
âmes pieuses disent : la science est immorale! Répondons : elle ne l'est
pas assez! Sa parenté avec vous, la compromet.

La science, en lutte avec la religion, avait pour but de connaître
directement la nature, le milieu. Elle a particularisé la notion abstraite
en la rendant expérimentale et féconde. Elle a pour ainsi dire moné-
tisé la divinité. Mais là, elle s'arrêta. Les raisons de cet arrêt résultent
de la nature même du fait intellectuel.

La société primitive était pauvre. La religion l'a enrichie, en la con-
solidant. La science des lois générales a augmenté cette richesse en
donnant la connaissance exacte des lois matérielles. Mais, aujourd'hui,
cela ne suffit plus. Comme la théologie autrefois, la science des lois
générales a encore beaucoup de patience et un grand champ de recherche; mais, il lui manque la grande fièvre et le champ fécond.

Sur cette route, les grands jours de découvertes sont bien finis, quoi-
que la curiosité rampe encore autour des faits armée de ses calculs, de
ses balances, de ses mesures. Vains efforts! ce qui ne répond plus à la
vie, n'invente plus. Tout, aujourd'hui, se réduit à la confirmation et à
l'amélioration de bon aloi. Des travailleurs assidus s'escriment à prouver que Newton ne se trompe pas, que Darwin a raison, que Tylor
voit juste. Il n'y a plus de grandes conclusions, de nouveaux champs
de découvertes; tout se réduit aux constatations utiles, mais modestes,
extrêmement modestes, des lois prévues.

La science de la belle Asie qui console Prométhée enchaîné, est devenue celle d'une simple ménagère, savante dans l'art de faire le pot
au feu. Cette noble dame, une fois la révolution faite, ne fait que dres-
ser son budget, policer les faits, pour le plaisir de tous les cerveaux
impuissants et curieux. Elle ne bat plus la diane pour la découverte
d'un monde nouveau, et des fenêtres de son vieux castel, elle ne peut
nous montrer que des paysages usés où chevauchent les chevaliers

2

râpés de sa suite. Elle est la véritable dogmatique, sorte de sèche puritaine qui veut surtout garder sa virginité.

La science, large et libératrice, est devenue étroite et intolérante, car cela sied à la débilité.

Cependant, la société riche et l'homme fort ne peuvent plus battre la campagne pour le plaisir des preuves consolantes. Ils ont hâte d'user leurs richesses, de trouver une nouvelle orientation, de créer un monde nouveau.

Et les anciens procédés ne peuvent plus suffire à cette besogne. Les lois générales nous gênent, nous oppressent! Enrichis par les conquêtes du savoir, nous ne voulons plus sacrifier, pour un bien, quelque partie de notre être. Le sacrifice, l'atténuation du particulier contredit notre vie, et nous sommes obligés d'abandonner ces façons de vivre. En vérité, le sacrifice n'est que la pauvreté, et l'homme est riche et fort. L'humanité ne peut rester impassible devant les richesses accumulées par les longues conquêtes, mais elle veut créer un milieu nouveau pour son emploi le plus utile. Et pour cela, elle change d'armes: du régime ancien, elle ne connaît que critique et dépréciation, car la science, l'art et la pensée des pauvres ne conviennent pas aux riches.

La négation devient ainsi le seul moyen pour forger l'avenir nouveau. Les encyclopédistes, pour donner l'ordre nouveau, apportaient surtout de nouvelles armes, et dans l'œuvre collective de leur critique, ils émirent une nouvelle conception, qui changea l'aspect de l'univers. Ils ne bouchèrent pas les trous de l'édifice vieilli, ils le rebâtirent, car le métier de savetier ne convenait guère aux grands architectes.

Comme la religion ne satisfaisait point leur société, la science des lois générales ne suffit pas à la nôtre. Orientons, comme eux, le monde, et s'il le faut, arrêtons la terre, comme les autres arrêtèrent le soleil. Pénétrons-nous de cette idée, que la science moderne n'est qu'une ébauche de la science d'avenir, et que celle-ci sera d'autant plus féconde, qu'elle sera plus contraire à celle d'aujourd'hui. Continuer la vie, c'est l'adapter aux conditions nouvelles, et plus ce changement est profond, plus la vie s'améliore. Ne renions pas la science actuelle, mais fixons sa valeur, et ayons le courage d'avouer son insuffisance sociologique. La science moderne nous a appris les règles des lois générales, la science de demain doit créer celles des lois particulières, et connaître, non plus les éléments additionnels des faits réels, mais les faits eux-mêmes, les unités. La science moderne fixa le rapport du fait à l'intellect, il s'agit de déterminer le rapport du fait au fait, de l'unité à l'unité.

Cette science des individualités ne serait guère possible sans la science antérieure des lois générales, comme celle-là ne pourrait exister sans la science divine qui la précédait.

L'individualité est la base de la science qui connaît les lois générales, comme la loi générale était la base de la science qui ne connaissait que Dieu. Le savoir, sous n'importe quelle forme, complète ce qui est inconscient ; mais, une fois adapté à la vie, il devient stérile pour l'intelligence.

Le Dieu des chrétiens est entré dans la vie grâce à la science des lois générales, qui l'a particularisé ; la science des lois générales entre dans la vie, et il s'agit de la spécialiser de même façon. Il faut au savoir donner son vrai rôle : adapter les faits non adaptés, utiliser et coordonner les faits inutiles et désordonnés. La science des lois générales n'est plus une adaptation, mais une pure connaissance, une simple luxure cérébrale. Il faut la rejeter et donner au savoir sa forme réelle, l'utilité dans la lutte et pour la sélection. La science d'avenir, consciente de la valeur réelle de l'individualité, doit se débarrasser de toutes les règles de la religion, de tous les fétiches de l'intellectualité. Elle aura soin de découvrir le X de la science actuelle, la vérité plus unie, et moins isolée. La science actuelle ne connaît que deux formes de manifestation : objective et subjective. La science d'avenir n'appréciera pas seulement un fait objectif, c'est-à-dire œuvre, création, preuve, ou un fait subjectif : constatation et conclusion, mais elle cherchera le rapport intime qui existe entre le fait et la vie, entre la création, l'individu et l'espèce.

C'est ainsi que, débarrassée des derniers vestiges du moyen-âge, la science s'appliquera à chercher les connexions existant entre le milieu biologique, sociologique et cosmique par rapport à chaque unité, et après avoir rendu la dignité à l'homme contre Dieu, elle la rendra à l'homme envers l'homme.

Aujourd'hui la science n'admet que les faits utiles, c'est-à-dire adaptés à la règle générale ; la science d'avenir regardera comme utile le fait même d'existence et de création, car aucun fait humainement admis ne saurait être autre chose que force vive et féconde. L'utilité par la loi générale est la pauvreté d'acquisition et d'adaptation. L'utilité par le particulier écarte toute idée de contradiction et de supériorité, et prouve l'adaptation de l'homme, sa conquête sur l'existence, sa richesse, c'est-à-dire sa liberté. Croyez-vous que la machine qui crée des grandes richesses bien au-dessus des besoins, que les conditions économiques qui n'attachent plus l'homme au métier, mais chargent a machine de gagner la vie, ne créeront pas en même temps des valeurs nouvelles, basées entièrement sur la fécondité humaine, sur la liberté de l'effort? Les individualités antagonistes que la science actuelle broie pour le bien du plus grand nombre, ne pourront exister là où toute utilité de l'homme envers l'homme, du fait envers la conscience, sera dans la multiplication et la diversité des efforts. Le général, entré dans la vie, n'aura plus besoin d'être dans l'intelligence qui n'aura à apprécier que les unités. La moralité du grand nombre sera écartée, et celle de chacun proclamée.

Mais, dira-t-on, que deviendront les faits inconnus ? Et la synthèse de l'amidon, et l'analyse de l'opium, et la connaissance de la structure exacte de l'amphioxus et du mollusque, et le rôle de la capsule surrénale ou bien l'origine du diabète des maigres ? Patience ! la curiosité ne perd rien en changeant de direction. Scientifiquement, sans pouvoir préciser ce que sera la science d'avenir, nous pouvons dire ce qu'elle ne sera pas. C'est le droit de la science que de déterminer l'inconnu par le connu, l'heure prochaine par l'heure présente. Et puisque la science n'est qu'un moyen dans la lutte pour l'existence et qu'elle doit se conformer à la logique des évènements, à la loi sociologique, et non à la prétendue nature, nous affirmons qu'elle changera en raison de la vie. Et puisque les besoins humains ne peuvent être satisfaits par le règne des lois générales, la science d'avenir les écartera. Et vu qu'en écartant le général, elle donne droit au particulier, la science d'avenir sera celle des valeurs individuelles, et si les sciences actuelles ne répondent pas à ses besoins, elles s'atrophieront comme s'atrophie tout organe inutile. Sa négation est donc complète, car c'est seulement de l'opposition des règles que sort la synthèse, l'œuvre nouvelle.

En résumé : la science des lois a vécu, la science des choses arrive pour nous apporter l'immoralité complète de l'intelligence, la démolition des règles générales d'investigation, la négation des conclusions basées sur le droit du plus grand nombre, du plus essentiel et du supérieur qualitativement, et pour préparer le terrain pour la dernière expression de l'intellectualité, l'esthétique, qui fermera le cycle de la vie de la pensée humaine, sans fermer pour cela celle de la vie de l'espèce. L'intelligence usée tombera comme une feuille automnale, mais la race, toujours plus vigoureuse, continuera son évolution, puisant partout les éléments nécessaires à sa vie. Les nouveaux organes apparaîtront, et le cerveau, devenu trop grand et trop encombrant, cédera place à quelque chose de meilleur. Mais arrêtons nos pressentiments des évènements lointains. La frêle barque des prévisions flottera long-temps sur les vagues d'avenir, car aucun Orphée ne viendra la guider, sinon notre propre prudence.

Pourtant, que le triste sort du cerveau ne trouble pas les âmes sensibles ! L'humanité rendue clairvoyante et perspicace ne craint pas le changement, et la fragilité des fétiches présents ne saurait l'inquiéter pour l'avenir. Nous avons le respect du fait et nous connaissons la valeur de l'expérience. Le changement ne nous effraie donc pas, et l'avenir n'afflige point le présent. Seuls quelques doctes esprits crient : gare ! tout s'effondre ! Nous disons : tout fleurit, car tout le présent est déprécié.

Ainsi instruits par la vie passée, rendons un juste hommage aux cités anciennes et aux basiliques de nos pères, combattons les derniers vestiges du moyen-âge dans la pensée humaine, et continuons notre route, sûrs que l'humanité ne rebrousse jamais chemin, et que les appels de ceux qui restent, n'arrêtent point ceux qui avancent.

3ᵉ Année. Nº 8. Août 1895.

REVUE INTERNATIONALE

DE

SOCIOLOGIE

PUBLIÉE TOUS LES MOIS, SOUS LA DIRECTION DE

RENÉ WORMS

Secrétaire général de l'Institut international de Sociologie

AVEC LA COLLABORATION ET LE CONCOURS DE

MM. Ch. Andler, Paris. — A. Asturaro, Gênes. — A. Babeau, Troyes. — M. E. Ballesteros, Santiago. — P. Beauregard, Paris. — R. Béranger, Paris. — M. Bernès, Montpellier. — J. Bovillian, Paris. — A. Bertrand, Lyon. — L. Brentano, Munich. — Ad. Buylla, Oviedo. — Ed. Chavannes, Paris. — E. Cheysson, Paris. — J. Dallemagne, Bruxelles. — C. Dobrogeanu, Bucarest. — P. Dorado, Salamanque. — M. Dufourmantelle, Paris. — L. Duguit, Bordeaux. — P. Deprois, Genève. — A. Espinas, Paris. — Fernand Faure, Paris. — Enrico Ferri, Rome. — G. Flamingo, Rome. — A. Fouillée, Paris. — A. Giard, Paris. — Ch. Gide, Montpellier. — P. Guiraud, Paris. — Louis Gumplowicz, Graz. — M. Kovalewsky, Moscou. — F. Larnaude, Paris. — Ch. Letourneau, Paris. — E. Levasseur, Paris. — P. de Lilienfeld, Saint-Pétersbourg. — J. Loutchisky, Kiew. — John Lubbock, Londres. — J. Mandello, Budapest. — L. Manouvrier, Paris. — H. Marion, Paris. — P. du Maroussem, Paris. — T. Masaryk, Prague. — Carl Menger, Vienne. — G. Menod, Paris. — F. S. Nitti, Naples. — J. Novicow, Odessa. — Ed. Perrier, Paris. — Ch. Pfister, Nancy. — Ad. Posada, Oviedo. — O. Pytfereon, Gand. — A. Raffalovich, Paris. — G. Renard, Lausanne. — E. van der Rest, Bruxelles. — M. Reven, Tokio. — Th. Ribot, Paris. — Ch. Richet, Paris. — V. Rossel, Berne. — Th. Roussel, Paris. — H. Saint-Marc, Bordeaux. — A. Schaeffle, Stuttgart. — F. Schrader, Paris. — G. Simmel, Berlin. — Jules Simon, Paris. — C. N. Starcke, Copenhague. — G. Tarde, Paris. — J.-J. Tavares de Medeiros, Lisbonne. — A. Tratchewsky, Saint-Pétersbourg. — E. B. Tylor, Oxford. — I. Vanni, Bologne. — J.M. Vincent, Baltimore. — P. Vinogradow, Moscou. — R. dalla Volta, Florence. — E. Westermarck, Helsingfors. — Emile Worms, Rennes. — L. Wuarin, Genève.

Secrétaires de la Rédaction : Ed. Herriot. — Al. Lambert. — Fr. de Zeltner.

Abonnement annuel : France, 18 fr. — Étranger, 20 fr.

PARIS

V. GIARD & E. BRIÈRE, ÉDITEURS

16, RUE SOUFFLOT, 16

1895

LIBRAIRES CORRESPONDANTS :

Benda (R.),	à Lausanne.	Loescher & Cᵒ,		à Rome.
Brockhaus (F. A.),	à Leipzig.	Mayolez (O.) & J. Auberts,		à Bruxelles.
Feirili Carrelsen & Cᵒ,	à Amsterdam.	Nutt (David),		à Londres.
Féris & Cᵒ,	à Lisbonne.	Samson & Wallis,		à Stockholm.
Gerold & Cᵒ,	à Vienne.	Stapelmore (H.),		à Genève.
Kaimann (Io.),	à Bucarest.	Stechert (G. E.),		à New-York.
Killian's (V.),	à Budapest.	Van Flyteren (P.),		à Gand.
Kalmans & Fils,	à Rotterdam.	Van Stockum & Fils,		à La Haye.

SOMMAIRE DU N° 8.

La Revue paraît tous les mois par fascicules d'au moins 80 pages gr. in-8°.

Les abonnements partent du 1er Janvier de chaque année.

Abonnement annuel — France : 18 fr. — Étranger : 20 fr.

Les communications relatives à la rédaction doivent être adressées à M. RENÉ WORMS, directeur, au bureau de la Revue, 16, rue Soufflot, Paris.

Les communications relatives à l'administration, à MM. V. GIARD et E. BRIÈRE, éditeurs, même adresse.

Les manuscrits insérés dans la *Revue* deviennent sa propriété, et ne peuvent être reproduits sans son autorisation.

Tout ouvrage relatif à la Science Sociale dont il est envoyé deux exemplaires au bureau de la *Revue*, est signalé et analysé.

Les ouvrages de Science sociale, annoncés et analysés dans la Revue Internationale de Sociologie, et en général tous les autres ouvrages, se trouvent chez MM. V. GIARD et E. BRIÈRE, libraires-éditeurs, 16, rue Soufflot, à Paris.

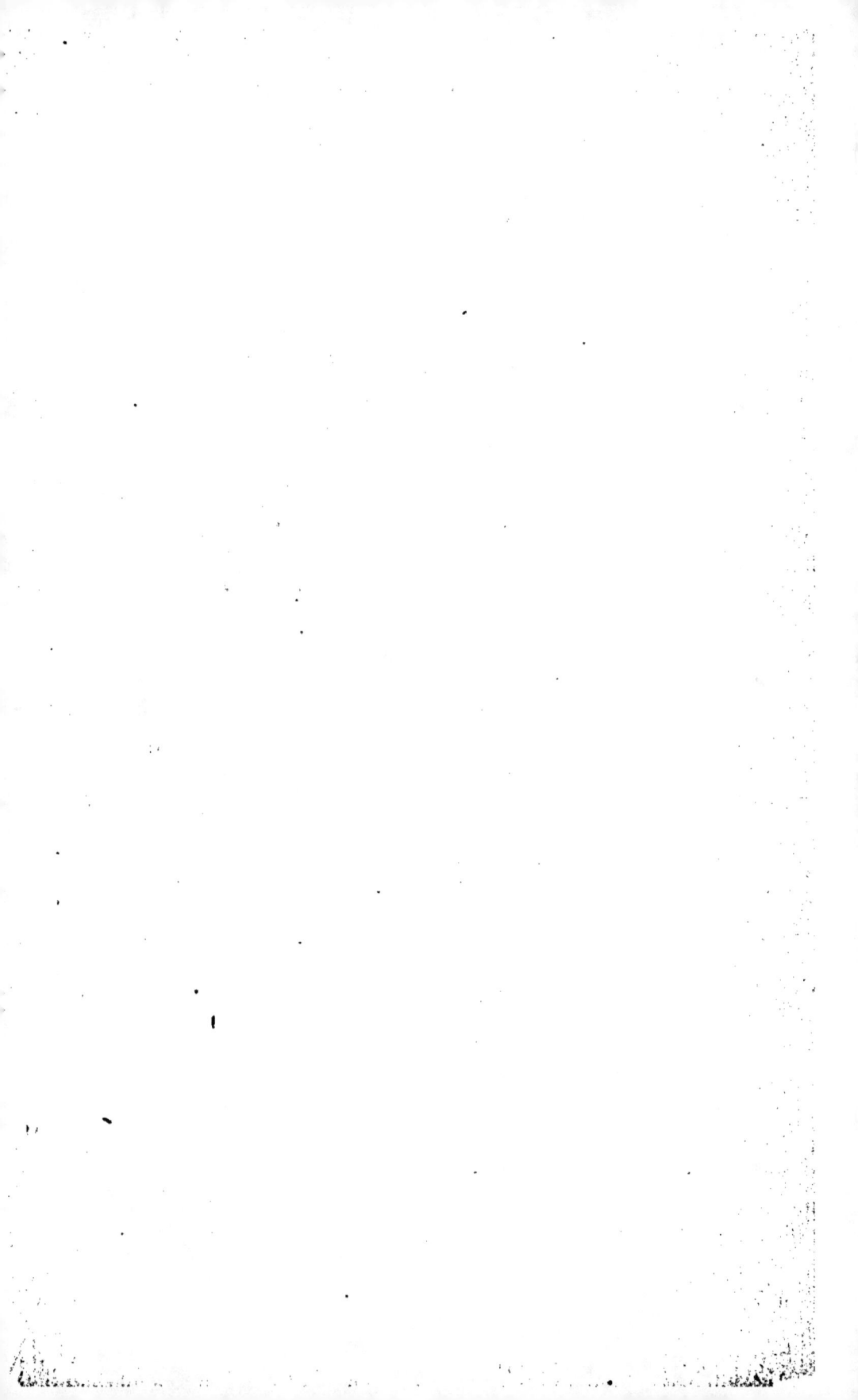

www.ingramcontent.com/pod-product-compliance
Lightning Source LLC
Chambersburg PA
CBHW070747280326
41934CB00011B/2836